삶에 위로가
필요할 때

삶에 위로가 필요할 때

초판 1쇄 발행 2019년 5월 20일

지은이 가람 문병우
펴낸이 장길수
펴낸곳 지식과감성#
출판등록 제2012-000081호

디자인 윤혜성
편집 이현, 장홍은
교정 양수진
마케팅 고은빛

주소 서울시 금천구 가산동 벚꽃로 298 대륭포스트 6차 1212호
전화 070-4651-3730~4
팩스 070-4325-7006
이메일 ksbookup@naver.com
홈페이지 www.knsbookup.com

ISBN 979-11-6275-629-4(03810)
값 10,000원

ⓒ 가람 문병우 2019 Printed in Korea

잘못된 책은 구입하신 곳에서 바꾸어 드립니다.
이 책의 전부 또는 일부 내용을 재사용하려면 사전에 저작권자와 펴낸곳의 동의를 받아야 합니다.

이 도서의 국립중앙도서관 출판예정도서목록(CIP)은 서지정보유통지원시스템
홈페이지(http://seoji.nl.go.kr)와 국가자료공동목록시스템(http://www.nl.go.kr/kolisnet)에서
이용하실 수 있습니다. (CIP제어번호 : CIP2019018830)

홈페이지 바로가기

삶에 위로가 필요할 때

가람 문병우 지음

삶의 무게에 힘들어하는, 이별의 슬픔에 아파하는
모든 사람들에게 이 책을 바칩니다!

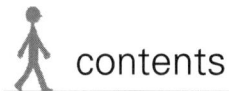 contents

머리말 7

1장 완벽하지 않음에 대한 감사

2장 삶에 위로가 필요할 때

거 뭐시라고	16
회자정리	18
사람의 길 1	19
사니까 그래도 다 만나지네	24
사람의 길 2	25
졌다	27
번뇌시도장	28
시를 잊은 그대에게	31
그래도 누군가는	32
큰 그르침이 없으면 그것이 곧 성공이다	36
가을이 오고 있기 때문이리라… 이 그리움들은	39
기다림, 사랑의 또 다른 이름	42
커피는 금세 식어	43

오냐	47
달팽이 뿔 위에서 무엇을 다투는가	49
조금은 다른 아침	51
애별리고	53
욕망을 좇으면 어리석어진단다	56
인연설의 추억	59
학생부군신위	62
사랑, 그게 뭡니까?	63
문득	64

3장 가슴 시린 그대에게

힘들어서	66
아가송	67
고통은 집착에서 온다	68
이의 있습니다	69
들국화인 당신께	70
그리운 성산포	71
헤어질 때의 눈물은	72

가을엽서	73
아가웃음	74
그날처럼	75
빗물의 상념들	76
발라드 좋아하세요?	77
그대 생각	78
가을을 향해 걷는 여름 소리	79
그대와 나를 위한 기도	80
쉼	81
사랑 그 후	82
괜찮아	83
지금은 위로가 필요한 때	84
보고 싶어	85
당신 있어	86
미안합니다	87
나는 네가 좋은 사람이기를 바래	88
웃어요! 그대!	89
나의 길	90

4장 살아있는 것은 다 행복하라

맺음말 115

머리말

삶의 무게에 힘들어하는, 이별의 슬픔에 아파하는
모든 사람들에게 바칩니다!

1장

완벽하지 않음에 대한 감사

50즈음을 살며 평생 들어 보지 못한 말이 두 개 있다.
하나는 머리 좋다는 소리고
다른 하나는 잘생겼다는 소리다.

그러기에 평생 영화 같은 연애 한 번 못 해 봤고
남들 부러워하는 높은 자리 승진도 못 해 봤다.
돈은 더더욱이나 없다.

그렇다고 다른 건 잘하느냐?
'도대체 잘하는 게 뭐냐'가 정감 있는 인사가 된 지는 이미 오래다.
그래서 지금보다 더 젊었던 시절에는 분노와 질투로 살았다.
그때의 분노와 질투의 습성이 아직까지도 간간히 남아 때때로
나와 남을 힘들게도 한다.

어리석은 자의 스승은 세월이라고 했던가?
시간이 많이 지난 어느 날에서야
완벽하지 못한 내가 고마운 존재라는 걸 알았다.
지금 이만큼이라도 인간이 된 것은 내 불완전함으로 인한 것이기 때문이다.
이 불완전함으로 사람에 대한 겸손과 타인에 대한 존중과 배려의 가치를 알았고 배움에 끊임이 없어야 함을 알았기 때문이다.

내가 잘나고 똑똑했다면…. 생각만 해도 끔찍하다.
내가 만약 완벽했다면 술의 바다와 여자들의 숲에서 얼마나 많은 사람들을 하찮게 보고 세상을 우습게 여겼겠는가?

얼마나 세상의 많은 것들과 이별을 하고
얼마나 많은 사람 같지 않은 말과 행동을 하고도 부끄러워할 줄도 몰랐겠는가?
나로 인해 얼마나 많은 사람들이 눈물 흘리며 하늘을 보고 통곡했겠는가?
얼마나 그들의 가슴에 빼지 못할 커다란 대못을 박았겠는가?
충분히 그러고도 남았을 것이다.

나는 오늘도 완벽하지 못함에 대해 감사하고 뒤늦게나마 내 분노와 질투의 과거에 용서의 손을 내밀어 본다.

"완벽하지 않음에 대한 감사"

2장
삶에 위로가 필요할 때

회사 구내식당에서 식사를 하려는 나를 보고 회사에서 청소를 하시는 50~60대의 아주머니 두 분이 나를 부르신다.

나의 부서 과장님이 요즘 왜 안 보이시는지 묻는다. 이번 정기 인사 때 다른 곳으로 발령 나셨음을 모르고 계셔서 이야기해 드렸다. 그제야 이유를 알겠노라 하시면서 무척이나 안타까워하신다.
인사도 못 나누고 가서 안타깝고 아쉽단다. 그러면서 내게 만나게 되면 꼭 고맙고 아쉽다는 인사를 전해 달라고 당부하신다. 얼떨결에 그렇게 하겠노라고 약속을 하고 말았다.

떠나신 그 과장님이 아주머니들에게 이렇게까지 인기가 많은 줄 미처 몰랐다. 한 번도 내색이 없었던지라…. 하지만 이내 왜 그런지를 금방 알 수 있을 것 같았다. 그 비결은 친절!
그 과장님은 모든 직원들에게 먼저 웃으며 인사를 건넨다. 다정한 말 한마디도 늘 곁들이신다. 1년을 함께 근무하면서 한 번도 화내시는 모습을 본 적이 없다. 감히 나는 실천할 수 없는 영역이다.

세상에는 지 잘났다는 사람들이 많다. 그 숫자가 하도 많아 신께서도 헤아리기가 불가능할 정도다. 그래서 가끔은 그런 사람들 때문에 세상살이가 피곤하기도 하다. 우리 사회는 애석하지만 우리가 생각하는 만큼 결코 친절하지는 않다. 그러기에 어디에서고 친절한 사람을 찾아보기가 어렵다. 누가 손님인지조차 구분되지 않을 때도 왕왕 있다. 그래서 나는 어느새부터인가 사람들로부터 상처를 덜 받기 위해 친절을 기대하지 않는다. 그럼에도 어떤 때는 과한 불친절에 마음이 상하곤 한다. 어쩌다가 가뭄에 콩 나듯 친절한 사람들을 만나게 되면 한 번 더 얼굴을 보게 되고 감사의 마음이 절로 생긴다.

평생을 무뚝뚝하게 살다 죽은 사람이 저승엘 갔다.
염라대왕이 많은 사람들의 마음을 상하게 한 죄로 지옥행을 선고하며 한마디 한다.
"좀 친절하지 그랬냐? 거 뭐시라고!"

나는 똑똑하지도 잘나지도 않았다. 돈은 더더욱이나 없다. 그래서 인류의 질병, 가난, 전쟁, 기후변화 등의 문제를 해결할 수 없다. 돈이 없어 나보다 더 가난한 이웃들에게 물질적인 도움도 줄 수가 없다. 그럼에도 이런 나조차도 이 사회와 사람들에게 할 수 있는 기부는 세상에 대한 친절이다. 실천하기 쉬우면서도 돈도 들지 않는 최고의 나눔!

가끔 잘난 사람들이 착각하는 것을 본다. 자신이 잘나고 똑똑해 높은 자리에 오르고 경제적인 부를 축적하면 사람들이 자신을 우러러 보리라는 착각이다. 안타깝지만 사람들은 그런 것들로 우러러 보지 않는다. 제아무리 출세를 한들, 돈이 태산같이 많다 한들 사람들과 함께 하는 나눔이 없다면 그 모든 것들이 사람들에게 무슨 의미인가?

사람들이 그리워하고 기억하는 것은 가진 돈보다 잘남과 똑똑함보다 사람이 죽고 살기도 하며 평생 원수가 되기도 하고 평생 은인이 되기도 하는 당신의 친절하고 따뜻한 말 한마디일 것이다.

친절은 사람에 대한 존중의 표현이다. 친절에는 사회적 지위도 부의 높낮이도 종교도 정치도 없다. 그저 아름다운 마음만 있을 뿐이다. 나는 오늘도 사람들이 이 소중한 가치를 알고 잘 실천하는 삶을 살았으면 하는 바람과 함께 조 페티라는 작가가 한 말을 떠올려 본다.

친절히 대하라!

*당신이 만나는 사람의 대다수는
지금 힘겨운 싸움을 하는 중이니까.*

"거 뭐시라고"

오늘 핸드폰에 있는 전화번호 한 개를 지웠다.

아마도 이제 평생 내가 연락할 일은 없을 것이다.

예전에는 한 명, 한 명의 연락처를 지울 때면 아쉬움과 안타까움의 마음도 있었지만 이제는 그저 담담하기만 하다.

사람들은 내가 먼저 연락하지 않으면 연락하지 않는다.

때론 나의 연락에 도리어 역정을 내는 사람이 있기도 하고

아예 전화조차 받지 않는 사람도 있다.

그럴 때면 당황스럽기도 하고 답답하기도 하다.

가슴 한가운데에 커다란 구멍이 난다. 마치 탱크도 지나갈 듯한 구멍이다.

그 사람에 대한 좋은 기억이 한순간에 깡그리 사라진다.

내게는 좋은 기억들이 그 사람들에게는 그렇지 않았음이다.

더 안타까운 것은 이런 사람들이 내가 생각하는 것보다 더 많다는 사실이다.

어느 순간부턴가,

마음 맞는 사람 만나기가 하늘의 별 따기보다 어렵다는 생각을 갖는다.

그리고 왜, 사람들이 그토록 보이지 않는 선을 긋는지도 알 것 같다.

그래서 나는 요즘 사람과 사람 사이에 있는 보이지 않는 선, 커다란 벽, 깊은 바다에 대해 생각한다.

선의 안쪽, 벽의 저 너머, 바다의 깊이를 아무에게나 쉽게 허락하지 않음에 대해 생각한다.

그 선은, 그 벽은, 그 바다는 그 사람에게 있어 어쩌면 생존의 그 무엇이 아닌가 하는 생각도 든다.

상처받지 않기 위한, 의미 없음에 대한 성가심으로부터 자유롭기 위한….

그런 사람들로부터 상처를 덜 받고 그 사람들을 미워하지 않기 위해서는 나와 다른 사람들에 대한 그 생존의 무엇들을 존중해야 한다.

내가 사람들에 대해 참고 인내하듯, 그들도 나에 대해 참고 인내하고 있음을 알아야 한다.

사랑과 마찬가지로 인간관계에 있어서도 그것들에 대해 구걸해서는 안 된다는 것을 알아야 한다.

인연이 있으면 만나고 그 인연이 다하면 헤어지는 인연의 흘러감을 받아들여야 한다.

익숙한 것들과의 이별에 대해, 사람과의 멀어짐에 대해 잘 보내 주고 잘 잊어 주는 것,

그것도 사람의 아름다운 미덕이 아닌가 하는 생각을 해 본다.

봄이 왔다고 누구에게나 다 그 봄이 오는 것은 아니다.

누군가를 지워야 하는 누군가를 보내야 하는 이런 날의 마음은 봄임에도 가을보다 더 쓸쓸하다.

"회자정리"

사람에게는 네 가지의 고독함이 있나니

태어날 때 혼자서 오고
죽을 때도 혼자서 가며
괴로움도 혼자서 받고
윤회의 길도 혼자서 가는 것이다!

붓다

사랑을 해도
사랑을 받아도
설령, 부자가 되고 출세를 해도
사람의 길에 고독하지 않은 사람은 없다.

"사람의 길 1"

얼마 전 저녁 늦게 마트를 갔었다. 거기서 우연히 첫사랑의 옛 연인을 봤다. 근 25년 만에.

그저 스치듯 봐서 아는 체를 못 하고 그냥 지나쳤다. 나와 헤어지고 얼마 후 결혼한 남편과 단둘이 장보러 왔던 것이다. 그다지 행복할 것도, 불행할 것도 없다는 듯 그저 그런 담담한 표정과 걸음으로….

세상엔 내가 갖지 못한 것이 참 많다. 좋은 지위, 좋은 집, 좋은 자동차 등. 유감스럽지만 사랑도 그중에 하나이다. 한창때는 드라마, 영화 속 같은 사랑도 해 보리라는 마음에 몸부림도 쳐봤지만 내 것이 아닌 건 내 것이 아니었다. 시간이 지나도 이 이룰 수 없는 것들은 늘 나의 가슴을 아프게 했다.

그녀를 처음 만난 건 군대를 갓 제대하고 얼마 되지 않은 시절이었다. 아르바이트를 하다 그곳에서 그녀를 처음 만났다. 그녀는 이쁜 얼굴에 늘 웃는 밝은 사람이었다. 그녀는 내게는 없는 웃음과 맑음이 있었고 그런 그녀를 통해서 나도 그것들을 가질 수 있으리라는 소망을 갖게끔 해 준 사람이었다.

나는 그런 그녀와의 사랑을 이루고자 딱 한 개의 소원만 들어준다는 대구 팔공산 갓바위까지 가 기도를 하기도 했었다. 그런 간절함으로 이룬 사랑이었다. 그렇게 상상이 현실로 된 세상 부러울 것 없는 사랑이었지만 사랑에는 사랑의 깊이만큼 아픔과 외로움이 늘 함께했고 그 뒤에는 이별이 끊임없이 따라다녔다.

준비되지 않은 사람에게는 보살님이 이루어 준 사랑도 어쩔 수 없었다. 나는 그녀를 한없이 좋아함에도 그녀에 대한 믿음과 신뢰가 작았고 무엇보다 사랑을 받기만 하려 할 뿐, 그녀를 위한 희생의 마음이 없었다. 어리석게도 그때의 나는 그녀보다 여전히 나를 더 사랑하고 있었다.

그저 사랑의 마음만 앞설 뿐 준비가 덜 된 내게 이별은 자연스럽게 찾아왔고 나는 그 이별을 담담하게 받아들였다. 그때는 이별조차도 아름답다고 생각하던 어리석은 시절이었기에 나는 이 사랑이 가면 저 사랑이 오리라고 쉽게만 생각했다. 내게 있어 그녀는 허구한 많은 날들 중 어느 한 날, 그저 잠시 스쳐 지나가는 바람일 뿐이라 생각했다.

그러나,

이별하기는 쉬워도 다시 사랑하기는 힘들었다. 나도 모르게 그녀는 어느덧, 내가 어디에 있든, 누구와 있든 늘 내 마음속에 함께 있었다. 어디에든 그녀가 없는 곳은 없었다. 20대의 한 가운데서 그녀와 이별하자 내 사랑은 갑자기 거기서 멈춰 버렸다.

그녀와 헤어진 후, 쓰디쓴 시가 생각나는 날이 많았고 독하디독한 술이 생각날 때가 많았다. 그럴 때면 어김없이 무너졌고 그럴 때면 어김없이 그녀가 생각났다.

진실한 사랑을 몰라본 이런 내 자신에게 너무 화가 나고 속상해 그녀를 잊고자 집을 떠나, 2년이라는 시간 동안 누구와도 연락지 않고 모든 이들과 소식을 끊으며 혼자 지냈다.

그렇게 시간을 보낸 후, 세월의 도움으로 어느 정도 아픈 상처가 아물 때쯤 그때까지도 남아 있는 미련에 그녀의 목소리라도 듣고 싶은 욕심으로 그녀의 삐삐에 들어가 봤다. 그리고 나는 그녀의 삐삐에서 흘러나오는 노래를 듣고 마음이 너무 아파 한참이나 울었었다. 그 삐삐에 담긴 노래를 통해 그녀가 나를 잊지 않고 아직도 그리워하고 있음을 알았기 때문이다.

어디에선가 나를 부르며
다가오고 있는 것 같아
돌아보면은 아무도 없고
쓸쓸하게 내리는 빗물 빗물

채은옥, '빗물' 중에서

그 노래는 평소 내가 비 오는 날 즐겨 듣던 노래였고 그녀도 그것을 잘 알고 있었다. 하지만 다시 돌아가기엔 우린 너무 멀리 왔고 너무 많은 시간 동안 떨어져 있었다. 나는 그녀에게 다가설 용기가 없었고 무엇보다 나는 아무것도 변한 게 없었다.

다시 1~2년이 지난 어느 날,

나와 그녀를 함께 아는 지인을 통해 그녀가 다른 도시에 사는 남자를 만나 그곳으로 시집가 산다는 이야기를 뒤늦게 들었다. 다른 도시로 시집갔다는 그 말이 비수처럼 가슴에 아프게 박혔다. 그녀는 나와 함께 했던 추억이 있는 이곳에서 차마 살 수 없었던 거였다. 그 이야기는 나를 또 한 번 아프게 했다. 남들은 참 쉽게 사랑하고 쉽게도 헤어지건만…. 내게 있어 사랑은 독하기 그지없었고 나는 서럽기가 그지없었다.

스치듯 지나치며 이제는 담담함을 넘어 평온하기까지 한 그녀의 얼굴을 보며 그 시절의 귀한 추억은 이제 나만의 것이 되어 버린 건 아닌가 하는 생각이 들었다. 그녀는 줄곧 내게 있어 그리움이자 아픔, 죄책감의 대상이었다. 하지만 이제는 평온하기까지 한 그녀의 모습에서 마음의 짐을 조금이나마 내려놓을 수 있을 것 같았다.

암튼,

사니까 그래도 우연히라도 다 보게 되는 듯하다. 그때와는 조금은 변해 버린 모습들로….

사람은 변하지만 사랑은 변하지 않는 것 같다. 그 짧은 스침에도 내 마음은 처음 봤던 그날의 그때처럼 여전히 숨 가쁘게 뛰었으니…. 사람은 죽어도 사랑은 죽지 않고 사람은 늙어도 사랑은 늙지 않는다는 말은 맞는 말인 듯하다.

이루지 못한 사랑은 그리움
내 속의 상처 저 스스로 아물 때
그 그리움 하나 내 안에 두고 싶다!

오늘 퇴근길에는 꼭 동물원의 '시청앞 지하철 역에서'를 들으며 옛 추억의 그리움을 가슴에 담고 퇴근하리라!

"사니까 그래도 다 만나지네"

사람으로서 지켜야 할 도리가 있으니
배불리 먹고 따뜻하게 입고
편안히 산다고 할지라도
교육이 없으면 새나 짐승에 가깝다.

맹자

짐승의 길은 편안하고 쉽다
사람의 길은 힘들고 어렵다

그러나
사람이라면 사람의 길을 가야 한다.

"사람의 길 2"

아부를 잘하는 직원이 있다.

아부를 얼마나 잘하는지 본인도 잘 알 정도다.

말발도 엄청 좋다. 얼마나 좋은지 말 한마디 한마디가 우리가 사용하는 차원의 말이 아닌 마치 다른 높은 차원의 말 세상에서 온 사람처럼 느껴진다.

하도 아부를 잘하니 새로 오는 윗사람들 모두가 그 친구 아부에 살살 녹는다. 그도 그럴 것이 자신에게 성심껏 잘해 주는 사람을 그 누가 마다하겠는가?

하지만 그 직원의 업무능력은 약하다.

컴퓨터 사용능력도 그렇고 기획능력도 떨어진다.

그럼에도 윗사람들에게 늘 인정받는 모습이 이상하기도 하고 이해되지도 않는다. 암튼 그 직원의 아부가 늘 그다지 맘에 들지 않는다.

어느 날,

드디어 업무능력을 최고로 중요시하는 상사가 새로 왔다.

여느 때와 다름없는 그 친구의 아부가 더 이상 통하지 않는다.

도리어 업무능력이 떨어져 타박도 받는다. 그 상사는 다른 사람들과 다르게 아부를 싫어하는 것인지 아니면 그 지나침을 싫어하는 것인지, 아무튼 그 친구의 아부를 탐탁지 않게 생각한다. '정의사회 구현' 속으로 쌤통이라는 생각이 절로 든다.

여느 때와 다름없이 일찌감치 제일 먼저 출근해 그 상사의 책상을 직접 닦고 바닥을 쓸고 쓰레기통을 비우고 좋은 음악을 틀어 놓고 슬리퍼도 반듯이, 좋은 차도 탁자 위에 올려 놓는다. 늘 한결같다. 지극정성이다.

보통은 상사가 출근하기 전에 다 끝내는데 그날은 그 상사가 평소와 다르게 좀 일찍 출근하는 바람에, 그 친구의 그런 행동을 상사가 직접 보게 됐다. 그럼에도 역시 그 친구의 행동이 마음에 들지 않는다는 듯 못마땅한 표정이다.

도저히 안 되겠는지 그 상사가 면박을 주듯 한마디 한다.
"원래 그렇게 아부를 잘하세요?"

그 말을 들은 그 친구가 마지막 정리하는 손을 잠시 멈추고 상사를 쳐다본다. 그 눈빛이 지금까지 늘 밝고 환하게 웃던 모습과는 사뭇 다르게 한없이 쓸쓸하고 진지하다.
그 친구가 답한다.
"저도 원래 안 이랬는데 세상이 저를 이렇게 만들더군요…."

아….
내 표정은 쓸쓸하고 올 한 해, 내 고과는 물 건너갔다!

"졌다"

괴로움 속에 깨달음이 있다.

구마라지바(344-413)

고통 없는 깨달음은 그저 지식에 불과할 뿐…. 뼈를 깎는 아픔 없이 어떻게 사람이 성숙해질 수 있단 말인가?

"번뇌시도장"

어느 지인이 나에게 이런 말을 해 준다.
"시가 주는 향기가 우리의 영혼을 얼마나 맑게 정화해 주는지 많은 이들이 알 수 있기를 바랍니다."

월 평균 50만 원을 버는 시인이 우리나라에서 가장 가난한 직업이라고 한다. 가슴 저 밑바닥에 자리 잡고 있는 무언가에 대한 아쉬움, 안타까움이 올라온다.

"왜 아무도 관심 갖지 않는 쓸데없는 일을 하느냐? 그 시간에 승진 공부나 열심히 해라."
이따금 시를 쓰고 단편소설을 끄적이는 나에게 나를 아는 많은 사람들은 이렇게 말한다.
시는 사람들의 마음을 약하게 해, 삶의 전투력을 약화시킨단다. 독하게 이 악물고 살아도 버거운 이 힘겨운 세상에….

세상에는 수없이 많은 돈이 있다. 세상에는 수없이 많은 사랑이 있다. 수없이 많은 권력과 지위가 있다.
이런 세상에서 어떤 사람은 악착같이 돈을 모으고, 어떤 사람은 악착같이 사랑을 찾고, 또 어떤 이는 권력과 지위에 목숨을 건다. 각자의 가치관이고 삶의 방식이다.

세상에는 눈에 보이는 또는 보이지 않는, 아름다운 때로는 감동적인 좋은 글과 좋은 말들이 있다. 그것들은 마치 산중 깊은 곳에 피어나는 아름다운 꽃과 같다. 관심을 갖고 찾아야만 보인다. 시인은 이런 꽃을 찾는 사람들과 같다.

나는 돈보다 사랑보다 권력과 지위… 이런 것들보다, 세상에 보이는, 때로는 보이지 않는 이런 아름다운 향기와 모양을 가진 꽃과 같은 아름다운 말과 글을 찾고 모으는 것을 좋아하며 남들보다 조금 더 중요시할 뿐이다.

왜 시를 쓰는가. 여기에 굳이 하나 덧붙이자면 아무도 하지 않아서이기도 하다.

현대 사회를 살아가며 영혼 없는 기계처럼 점차 감성이 메말라 가는 우리에게 누군가는 해 줘야 할 일이지만 수익이 적다는 이유로, 사람들이 알아주지 않는다는 이유 등으로 사람들이 외면하기 때문이다.

시인 윤동주가 존경했던 시인 백석과 사랑을 하다 6·25 전쟁으로 인해 남과 북으로 영원한 이별을 해야만 했던 김영한 여사가 법정 스님에게 길상사 등 천 억 원 상당을 시주했다. 그 돈이 아깝지 않냐는 기자의 물음에 김영한 여사는 이런 말을 했다고 한다.

천 억이 백석의 시 한 줄보다 못하다.

감성 없는 사람은 향기 없는 꽃이다. 영혼 없는 기계다.
 우리가 가정과 사회에서 평생을 이런 사람들과 부딪히며 살아가야 한다면?
 나는 시를 잊은 그대가 참으로 유감스럽다!

"시를 잊은 그대에게"

주인 아주머니께…

죄송합니다.
마지막 집세와 공과금입니다.
정말 죄송합니다.

2014년 송파 세 모녀가 자살하기 전 남긴 마지막 메모

나는 부자가 아닙니다.
그렇다고 부자를 부러워하거나 그다지 부자가 되고픈 마음도 없습니다.

하지만,
부자가 되었으면 좋겠다는 생각을 가져 본 적은 있습니다.
부자가 되면 이 사회와 많은 사람들에게 좋은 일을 할 수 있는 기회가 더 많기 때문입니다.

누군가는 이 세상의 가난과 싸워야 합니다.
나는 당신이 부자가 돼서
이 세상의 가난과 싸우는 사람이면 좋겠습니다!

"그래도 누군가는"

> *세상을 살아감에 있어 꼭 성공하기를 바라지 마라. 큰 그르침이 없으면 그것이 곧 성공이다.*
>
> 《채근담》 중에서

지난 2월의 어느 날,

혼자서 영화 〈신과 함께〉를 봤다. 그 영화를 보다 문득 이런 생각이 들었다.

'잘 만든 영화나 글은 사람을 변화시킨다.'

나는 그 영화를 통해, 그동안 살아오며 한 번도 하지 못한 생각을 하게 되었다. 그것은 내가 지금껏 너무도 어리석어, 그냥 하루하루 바르게 인간의 길을 걷는 것이 가장 소중하다는 걸 그 영화를 통해 그제야 깨달았다는 것이다.

나는 사람 사는 곳에서는 출세와 부가 그 사람을 말해 주는 중요한 가치의 척도라고 생각했다.

판검사, 장차관은 못 되더라도 최소한 어느 정도 괜찮은 사회적 지위와 괜찮은 아파트, 괜찮은 자동차 정도는 있어야 한다 생각했다. 그래야 좋은 아들이고 좋은 부모고 좋은 남편이고 좋은 친구고 좋은 선후배라 생각했다.

그래서 그 사회적 지위와 부가 인생의 주요 목표가 되었으며 그것들을 잡기 위해 오늘의 많은 것들을 뒤로 미루고 희생시켰다. 때에 따라 나보다 약한 사람은 은근 짓밟고 나보다 강한 사람은 뒤에서 험담하는 부끄러운 짓까지도 했다.

그것들의 성과가 내가 세상을 열심히 산 지표고 훌륭한 사람의 기준이라고 생각했다. 또한 가정과 사회에서의 유능함과 무능함의 평가 기준이라 생각했다.

하지만 그것들을 이루기 위한 많은 노력은 늘 부담이었고 그 부담은 내 어깨를 움츠리게 만들었으며 왠지 모를 초조함에 심적 불안감을 갖게끔 했다. 괜히 나 혼자 스스로 남들과 비교하고 나 혼자 주눅 들곤 했다. 그래서 그런지, 약과 친구가 되어 버린 나이임에도 도대체 나는 행복하지가 않았다.

왜 이럴까?
왜 이렇게 됐을까?

"지배하지 않으면 지배당한다"라는 강자의 논리를 마치 우리 사회가 자연의 섭리, 세상의 이치인 것마냥 자연스럽게 받아들이게끔 했고 또한 그것을 많은 생각 없이 내가 그대로 받아들였기 때문이다.

삶의 가치관은 다양하고 행복의 기준 또한 다 다름에도 나는 나 자신은 없고 남에게 보이기 위한, 정작 내 인생에 내가 없는 인생을 살았던 것이다.

군 생활이 적성에 맞아 군 생활을 잘하는 사람이 있는 반면, 군 생활이 맞지 않아 고문관 소리 들어가며 군 생활을 힘겨워하는 사람이 있다. 하지만 그 고문관 소리를 들으며 군 생활을 못하는 사람이라고 모든 분야에서 못난 사람은 결코 아니다. 단지 군 생활이 자신의 적성, 가치관에서 잘 맞지 않아서 그 분야를 힘겨워하는 것일 뿐이다. 달리기 분야에서는 치타가 강인한 사자, 호랑이보다 낫고, 머리 좋은 아인슈타인 박사보다 낫다.

이렇듯 무엇에다, 어디에다 뛰어남과 훌륭함의 기준을 두냐에 따라 가치의 차이는 달라진다. 그런 의미에서 생각해 보면 나보다 못난 사람도 없지만 내가 결코 못난 사람도 아닌 것이다.

영화 〈신과 함께〉에서처럼 그 어느 날,

갑작스레 아무도 피해갈 수 없는 생자필멸의 죽음이 온다면, 그 죽음이 나를 평가하는 기준은 얼마나 출세를 했느냐, 얼마나 돈을 벌었느냐가 아닐 것이다. 얼마나 바른 삶을 살았는가 하는 좋은 사람이었느냐의 평가일 것이다. 물론 남아 있는 세상 사람들의 평가 또한 그러할 것이다.

결국 삶의 평가 기준은 얼마나 출세했느냐가 아니라 얼마나 바르게 살았느냐의 문제인 것이다.

절대 변하지 않을 것 같은 세상도 어느 한 사람의 생각으로부터 시작되어 변하듯, 좋은 영화나 좋은 말, 좋은 음악은 사람을 변하게 하는 힘이 있다.

좋은 영화 한 편이, 좋은 말 한마디가, 좋은 글 한 줄이, 좋은 음악 한 곡이 이러할진대 좋은 사람은 오죽하겠는가? 좋은 사람은 두말할 나위도 없을 것이다.

나는 좋은 사람인, 당신을 통해 나의 삶이 더 아름답게 변화되기를 기대한다.

"큰 그르침이 없으면 그것이 곧 성공이다"

계절이 지나가는 하늘에는 가을로 가득 차 있습니다
나는 아무 걱정도 없이 가을 속의 별들을 다 헤일 듯합니다.

가슴 속에 하나 둘 새겨지는 별을 이제 다 못 헤는 것은 쉬이 아침이 오는 까닭이요 내일 밤이 남은 까닭이요 아직 나의 청춘이 다하지 않은 까닭입니다

별 하나에 추억과 별 하나에 사랑과 별 하나에 쓸쓸함과 별 하나에 동경과 별 하나에 시와 별 하나에 어머니, 어머니

어머님 나는 별 하나에 아름다운 말 한마디씩 불러봅니다 소학교 때 책상을 같이 했던 아이들의 이름과, 패, 경, 옥 이런 이국 소녀들의 이름과, 벌써 애기 어머니 된 계집애들의 이름과, 가난한 이웃 사람들의 이름과, 비둘기, 강아지, 토끼, 노새, 노루, 프랑시스 잠, 라이너 마리아 릴케 이런 시인의 이름을 불러봅니다

이네들은 너무나 멀리 있습니다 별이 아슬히 멀 듯이,

어머님, 그리고 당신은 멀리 북간도에 계십니다.

나는 무엇인지 그리워 이 많은 별빛이 내린 언덕 위에 내 이름자를 써 보고, 흙으로 덮어 버리었습니다

딴은 밤을 새워 우는 벌레는 부끄러운 이름을 슬퍼하는 까닭입니다

> 그러나 겨울이 지나고 나의 별에도 봄이 오면 무덤 위에 파란 잔디가 피어나듯이 내 이름자 묻힌 언덕 위에도 자랑처럼 풀이 무성할 거외다.
>
> 윤동주(1917-1945), 〈별 헤는 밤〉

가을이 오는 길목에서 생각나는 시가 있다. 윤동주의 시 또한 그러하다.
지난 2월 16일은 윤동주 시인이 죽은 날이다.

윤동주 시인은 1917년 중국 만주 길림성 북간도에서 태어나 연희전문학교(현 연세대)를 졸업하고 일본 도시샤 대학 유학 중, 항일운동 혐의로 일본 경찰에 체포되어 일본 후쿠오카 형무소에서 1945년 2월 16일, 27살의 꽃다운 나이로 요절했다.

27살 꽃다운 나이로 독립운동하다 일본 감옥에서 옥사한 윤동주 시인의 시에는 남녀 간의 사랑 시가 적다.
슬픔과 아픔의 시대에 시인은 사랑을 할 수 없었으리라….

춥디추운 일본의 감옥에서 해방을 눈앞에 두고, 따뜻한 봄을 눈앞에 두고 홀로 그렇게 죽었다.

이제야,

가을이 오는 길목쯤에서, 이국의 추운 감옥에서 혼자 쓸쓸하고 외롭고 고독하게 죽어야만 했던 시인의 아픔을 조금이나마 느낀다.

이 아름다운 세상, 아름다운 날의 한때, 이 그리움들은 윤동주 시인의 가을이 오고 있기 때문이리라….

"가을이 오고 있기 때문이리라… 이 그리움들은"

몇 년 전, 불교, 유교, 도교 등 동양철학 책을 집중적으로 읽었었다. 그렇게 동양철학을 접하면서 나는 생각의 큰 전환점을 가졌다.

"안다는 것은 자신의 무지를 깨닫는 것."
사람들이 변하지 않음은 "너 자신을 알라"라고 외친 소크라테스의 말처럼 무지, 무명 때문이라 생각하고, 배움, 앎을 통해 사람들이 좀 더 자비롭고, 좀 더 따뜻하게 변하기를 꿈꿨다.

모르면 변하지 않고
알면 조금 변하며
앎을 행하면 많이 변한다.

나는 사람들에게 자신의 무지를 알고 그 앎을 실천하는 삶을 살아야 한다고 역설했다. 앎의 실천을 통해서만이 사람들 속에 있는, 사람들과 사람들 사이에 있는 미움, 증오, 시기, 탐욕, 어리석음 등을 없애고 지금보다 더 나은, 사람 사는 세상을 만들 수 있으리라 믿었기 때문이다.

그러나 나는 논쟁과 시비, 조롱과 멸시의 수 없는 산과 강을 건너고서야 비로소 애초 사람들을 변화케 하려 했던 내 생각이 어리석었음을 깨달았다.

사람마다 마음속에 그리는, 꿈꾸는 세상은 저마다 다 다를 수 있음에도 나는 마치 내가 알고 있고 내가 가고 있는 그 길이 절대 진리인 것마냥 남들에게 따라오게끔 설득하고 강요했던 것이다.

꽃들은 꽃들에게 꽃피워라 강요하지 않는다.
꽃들은 늦게 꽃피우는 꽃을 나무라지 않는다.

생각해 보면
들판에 핀 꽃들만 봐도 그 속에 답이 있음을 알 수 있었음에도 나는 한 곳에 너무 집착한 나머지 다른 사람들의 마음을 헤아리지 못했던 것이다.

기다려 주는 것은 가르쳐 주는 것보다 힘들고 어렵다.
하지만 꽃이 빨리 피지 않는다 해서 억지로 피게 할 수는 없는 법이다. 그저 제때 물 잘 주고 햇빛 잘 들게 하고 거름 잘 주며 가꿔 가다 보면, 꽃피움을 느낄 사이도 없이 어느새 내 곁에서 꽃 피운다.

사랑에도 여러 종류가 있다고 한다.
아마도 잘 기다려 주는 것, 그것 또한 사랑의 한 종류가 아닌가 하는 생각을 해 본다.

업무발전이 더딘 직장 후배, 말 듣지 않는 자식, 내 마음을 몰라주는 배우자 등 내 주위 가까운 사람들, 그들 스스로가 알 때까지 잘 기다려 주는 것, 그것도 분명코 아름다운 사랑일 것이다.

2년 전쯤, 힘든 사람들과 함께 하는 프로인 KBS 〈동행〉에서 이런 말을 했던 기억이 난다.
"넘어진 사람을 기다려 줄 줄 아는, 당신은 용기 있는 사람입니다."

세상은 당신의 따뜻한 용기를 먹고 더 아름답게 자란다.

"기다림, 사랑의 또 다른 이름"

뜨거운 커피가 마시고 싶었어

커피가 내려지는 동안 잠깐 딴짓한다는 게

딴짓이 누가 되어 버리고

금세 커피는 식어 버렸어

그래서 다시 커피를 내렸어

정말로 뜨거운 커피가 마시고 싶었거든

커피가 다시 내려지는 동안

나는 잠깐 또 딴짓을 해 버렸어

뜨거운 커피가 마시고 싶었는데…

같은 실수를 두 번이나 했어

두 번째 잔도 식어 버렸지

할 수 없이 미지근해진 커피잔을 손에 쥐었어

좋아하는 걸 가지려면 집중해야 해…

딴짓하면 금세 식어 버려…

내가 하고 싶은 게 가지고 싶은 게 뭔지

정확하게 알고 집중해야 해

"커피는 금세 식어"

아내와 나는 가난하다.

그래서 아내와 나, 두 명 다 맞벌이를 한다.

내가 아침 일찍 출근하고 아내가 나보다 늦은 오전에 출근을 한다.

그런 우리 부부에게 자식 대신 한 살도 채 되지 않은 푸들 강아지 한 마리가 있다. 옆집에 살던 젊은 부부가 이혼을 하면서 키우던 강아지를 버리다시피 주고 갔다. 측은한 마음에 아내가 받았다.

3개월 된 순하고 활달하며 사람을 무척이나 좋아하는 강아지다. 아내와 나는 어릴 때부터 강아지를 좋아했던지라 그 강아지를 오냐오냐하며 애지중지 키웠다. 그래서 이름도 '오냐'라고 지었다.

나보다 늦게 출근하는 아내가 오냐에게 물과 오줌패드, 사료, 강아지 장난감 등을 챙겨 주고 어린 오냐를 혼자 두고 출근한다. 그리고 다시 먼저 퇴근하는 아내가 오냐의 똥을 치우고 오줌패드를 갈고 산책을 시킨다. 그게 어느새 아내의 일상이 되어 버렸다. 그렇게 아내는 나보다 더 많은 시간을 오냐와 함께 지낸다. 오냐가 똥을 이리저리 싸질러 놔도, 온 집안을 난장판으로 만들어 놔도 "강아지가 그렇지"라며 짜증 한 번 내지 않는다.

그런 오냐가 10개월쯤 되자 3~4개월의 어린 강아지 때와는 사뭇 다르게 분리불안 증세를 보이며 아내의 출근에 큰소리로 울부짖고, 집 밖에서 들리는 작은 소리에도 민감해졌다.

가끔의 외출 등으로 그런 오냐가 큰 소리로 짖을 때면, 2층 주인아주머니가 내려올까, 이웃 주민들이 항의하러 찾아오진 않을까 하는 마음에 간이 조마조마해지곤 한다. 성격이 예민한 아내는 나보다 더 스트레스를 받는다. 오냐를 조용케 하기 위해 하루하루 늘상 치르는 오냐와의 전쟁 아닌 전쟁에다 주인아주머니와 주변 이웃들의 따가운 눈총에 몹시나 힘들어한다.

아니나 다를까,

결국 인내에 한계를 느낀 주인아주머니가 강아지를 조용히 시키든지 아니면 집을 나가라는 양자택일의 선택을 강요한다.

오냐의 증상들을 고치려 동물병원에도 다녔으나 별 차도가 없었다. 아내에게 오냐가 못 짖게끔 성대수술을 시키자고 했지만 아내는 불쌍하다며 멀쩡한 강아지를 그렇게 만들 수 없다고 한사코 반대한다.

그럼에도 결국 아내가 도저히 안 되겠는지 강아지 입양 관련 인터넷 카페에 글을 올렸다. 글을 올린 지 며칠이 지나자 두 명의 아주머니로부터 연락이 왔다. 아내는 반색을 하며 두 명 중 누구를 할까 고민을 하고 내게 누가 더 낫겠냐며 묻기까지 한다.

그런 아내의 모습이 낯설어 나는 내 옆에 배를 깔고 누워있는 오냐를 안으며 아내에게 말한다.

"느그 아줌마는 너 꼭 보내려 신났단다."

말 끝나기가 무섭게 아차 싶다. 아니나 다를까 아내의 눈에 눈물이 가득하다. 보내야 하는 아픔을 애써 참고 있는 아내의 절대 건들지 말아야 할 그 무엇을 건드린 것 같다. 말없이 아내가 자리를 뜬다. 별 생각 없이 내뱉은 말 한마디가 아내에게 평생 씻을 수 없는 마음의 상처를 줬다.

어쨌든 그럼에도 아내는 두 명 중 한 명과 긴 문자 연락을 주고받으며 장소와 시간을 정했다. 든 자리는 몰라도 난 자리는 안다고 했던가? 막상 오냐를 진짜 보낸다 하니 아내가 울기 시작한다. 아무것도 모르는 철부지 오냐를 껴안으며 몇날 며칠을 운다. 자신이 생각한 것보다 더 깊고 큰 미운 정 고운 정이 든 거다. 여건이 이래 그렇지 아내가 오냐를 끔찍이 자식처럼 사랑함을 나도 잘 안다. 아마도 말 못 하는 짐승이라 그렇지 오냐도 그걸 잘 알고 있을 것이다. 나는 그런 아내에게 어린 자식 먼 미국 땅에 유학 보낸다 생각하라고 위로했지만 아무런 소용이 없었다.

그렇게 며칠을 울다 오냐를 줘야 되는 날이 왔다. 아내는 눈물 나서 도저히 안 되겠노라며 자기를 대신해 그 자리에 나를 가라고 한다. '거참!'이다 싶다. 마음 내키지 않는다.

그럼에도 할 수 없이 아내를 대신해 오냐를 데리고 나갔다. 50대의 귀티 나는 중년 여인이 주차된 고급 승용차 옆에 서 있었다. 나는 염치불고하고 그 여인에게 그간의 자초지종을 이야기했다. 그러면서 아내에게 원하는 크기의 강아지가 아니라서 데리고 갈 수 없다는 거절의 문자를 보내 달라는 부탁까지 함께 했다. 내 이야기를 조용히 다 듣던 여인이 얼굴에 작은 웃음을 담으며 흔쾌히 그러겠노라 한다. 그러면서 내 품에 안긴 오냐의 머리를 한 번 쓰다듬으며 자리를 뜬다.

자칫 아내에게 잔소리를 들을지도 모르겠다는 생각이 들었다. 별생각이 다 든다. 나는 다시 오냐를 품에 안고 그렇게 집으로 돌아왔다.

이런 나와 오냐의 모습을 보고 아내가 반갑게 우리를 맞는다. 얼굴에

웃음이 가득하다. 그러면서 그 여인이 아내에게 보낸 문자의 일부를 내게 내민다. 서로에게 미안한 인연이 됐지만 자기를 대신해 힘들어도 오냐를 끝까지 잘 키워 달라는 내용이다.

아내가 내심 진심으로 원하던 일이 이뤄진 거다.

아내는 내 품에 있는 오냐를 빼앗다시피 자신의 품에 안고 환하게 웃으며 말한다.

"나 좋자고 어찌 어린 새끼를 버리겠소! 죽으나 사나 함께 하라는 하늘의 뜻인가 보오."

나는 오랜만에 환하게 웃는 그런 아내에게 그간 용돈을 모아 등록한, 분리불안과 강아지 짖음을 교정해 주는 애견 교육기관 입소증을 건넸다.

아내가 그걸 보고 웃는다. 영문을 모르는 오냐를 껴안으며 또 웃는다. 아내의 머리 위로 바람에 떨어진 벚꽃잎들이 조용하게 내려앉는다.

"오냐"

오늘 가까운 지인과 말다툼을 했다.

서로의 입장만 이야기하다 한순간 서로가 감정이 격해져서 언성을 높이고 얼굴을 붉히는 상황까지 가버렸다. 서로의 입장과 삶의 가치관이 다르니 도저히 대화가 불가했다.

"화 뒤에는 꼭 후회가 온다"라고 평소 늘 생각하고 있음에도 막상 타오르는 분노의 불길 앞에서 제일 먼저 타 없어진다.

그렇게 화를 내고 후회를 하니 내 자신이 참담하다는 생각이 들었다. 다툼이 싫어 "그래, 내가 동네북이다. 실컷 쳐라!"라는 자괴감도 들었다. 누가 갈등은 대화로 풀라고 했는지 도무지 이해가 가질 않는다.

사람들과 다투고 사람들이 싫어지는 이런 날이면, 평소 즐겨 보던 〈나는 자연인이다〉의 자연인들이 부럽기만 하다.

사람들로부터 고통스럽게 사느니 차라리 홀로 외롭게 사는 게 낫다는 생각이 절로 든다.

이렇듯, 안으로 밖으로 나와 안 맞는 사람이 꼭 있고 때론 일 없이 시비를 걸어오는 사람들도 있다. 이를 두고 시시비비를 따지자면 다툼만 있을 뿐, TV나 책 속의 글처럼 대화를 통한 해결은 결코 쉽지 않다. 오죽했으면 기원전 노장사상의 인물인 장자조차도

"인간의 시비는 끝이 없다"라고 말했겠는가?

악인은 침묵으로 다스릴 뿐 상대를 마라.

붓다는 악인의 시비에 대한 대처법으로 이렇게 말했다.

비록 악인은 아닐지라도 나와 안 맞는 사람들과의 시비를 차단함에 응용할 수 있겠다는 생각을 가져 본다.

침묵은 그 속에 즐거움이 머물러 좋기도 하지만 시비를 차단하는 가장 좋은 방법이기도 하다. 그저 시비의 자리를 얼른 피하고 침묵으로 상대를 안 하는 것이 가장 현명한 길이다.

군자와 소인이 시비를 한다. 누가 더 어리석은가?
채근담에 이런 말이 있다고 한다.
"소인과 다투지 마라! 소인의 상대는 따로 있다."

말이 많아 말이 넘쳐나는 말 많은 세상에, 어쩌면 우리가 배워야 할 것은 말 잘하는 것이 아니라 잘 침묵하는 것이 아닌가 하는 생각을 말다툼으로 화가 나고 우울하기도 한 이런 날 혼자 해 본다.

말은 안 하기도 어렵고 잘하기도 어렵고…. 참 만만치 않은 인생이다!

"달팽이 뿔 위에서 무엇을 다투는가"

어제는 너무 피곤해 양치질도 하지 않은 채 10시 반쯤 잠들었다.
일찍 자니 자연스럽게 일찍 일어나진다. 마음 같지 않게….

평소보다 일찍 일어나니 무엇인가 여러 것들을 뒤적인다.
커피를 마시고, 노래를 듣고 그러다
다시 암으로 세상을 떠난 김진영 교수의 책 《아침의 피아노》를 펴 본다.

내가 쓰는 글들보다 더 짧은 글들.

젊은 날에는 휘황찬란 길고 화려한 말들이 좋았다.
하지만 세월이 흘러가는 어느 한 순간부터 짧은 말, 짧은 글들이 좋아졌다.
간결, 단순… 이런 말들이 좋아진다.

줄곧 나는 책의 앞면만 봤다.
앞면에서 시작해 순서대로 읽어 나갔었다.
마치 우리가 살아가는 인생의 순서처럼….
근데 계속 그러다가 오늘 어쩌다 우연히 책의 뒷면을 처음 봤다.

뒤표지에 크고 진한 글씨로 이런 글이 쓰여 있다.

사랑에 대해서
아름다움에 대해서
감사에 대해서
말하기를 멈추지 않기

사람들의 뒷모습도 봐야겠다.
애써 외면한 내 인생의 뒷부분도 봐야겠다.
영원히 못 보거나 혹은 너무 늦게 보지 않게….

"조금은 다른 아침"

늘 밝고 환하게 웃던 직장 후배가 있었다.
그녀는 말 많고 명랑한 후배였다.

어느 날, 그런 그녀가 마치 묵언 수행을 하는 수행자마냥 침묵했다. 그 침묵은 지구가 다하는 그 날까지 계속될 것만 같은 깊고도 무거운 침묵이었다.

직장 회식이 있던 날, 회식을 끝내고 집으로 돌아가는 지하철까지 둘이서 잠시 나란히 걸을 일이 있었다.
그 후배가 그런다. 혹시 아는 슬픈 시 하나 없냐고….

풍요 속의 빈곤과도 같은 그녀의 마음을 닮은 도심의 밤길을 나란히 걸으며 박인환 시인의 〈술보다 독한 눈물〉이라는 시를 읊어 주었다. 시를 조용히 듣던 그 후배는 가슴에 너무 와 닿는다며 감동하고 그 시를 적어 달라고 부탁까지 한다. 간만에 보는 반가운 웃음이다.

아마도 실연한 지 얼마 되지 않았으리라!

얼마 후,
그녀는 직장을 그만두고 회사를 떠났다.
그녀와 사랑했던 사람이 직장 내의 같은 직원이라는 이야기는 그녀가 회사를 그만두고 떠난 후에 알았다.

어떻게? 그 무엇으로?

실연의 아픔을 표현할 수 있겠는가?

그 어떤 말로 위로할 수 있겠는가?

그저 나를 위한 눈물과 기도만이 필요할 것이다!

붓다는 인간에게 네 가지의 고통이 있다고 했다.

원하는 것을 얻지 못하는 고통(구부득고),

원치 않는 것을 가지는 고통(오온성고),

싫어하는 사람과 함께 있는 고통(원증회고),

사랑하는 사람과 헤어지는 고통(애별리고).

이 중 가장 큰 고통은 사랑하는 사람과 이별하는 애별리고이리라….

"애별리고"

"욕망을 좇으면 어리석어진단다."

〈인간극장-아버지는 수행 중〉이라는 TV프로그램에서, 아버지와 함께 12년간 수행하다 하산한 아들이 개 산책시키는 아르바이트를 하다 식탐하는 리트리버 강아지에게 말한다.

마치, 나에게 말하는 듯하다.
날카로운 비수마냥 가슴에 와 박힌다.
한동안 수행자의 마음가짐을 거부하고 살았는데….

현실 부적응자가 되지 않기 위해 거부하고 잊고 살았다.
하지만 수행자의 마음가짐을 잊고 버리고 사니
자꾸 남들과 옳고 그름을 따지려 하고 자꾸 남들을 미워하게 된다.
남들의 야속함과 흠을 자꾸 본다. 세상일에 자꾸만 배 놔라, 감 놔라 한다.

점점 뾰족해지는 마음에 나를 놓친다.
고삐 풀린 어린 망아지마냥 세상천지 모르고 이리저리 날뛰는 내 마음을 잡지 못한다.
하심이 아닌 상심 속에 사는 마음을 본다.

마음은,
늘 하기 싫어하고 미루려 하며 변하지 않으려 하고
촐싹대며 말 많고 가벼우려 한다.
그러면서 술은 당장 마시고 싶어 하고 화는 금방 내려 하며
늘 예쁜 여자를 구하려 하고, 탐욕은 한시도 놓지 않으려 하며
나보다 약한 이에는 한없이 군림하려 한다.

이렇듯,
마음은 잡지 않고 길들이지 않으면
쉼 없이 욕망을 좇고 육신을 쾌락 앞에 끌고 간다.
사람의 끝에는 기쁨이 있지만 쾌락의 끝에는 고통과 번뇌만이 있다.
한 개의 쾌락에는 열 개의 고통이 따른다.
욕망을 좇다 보면 세상의 이치를 잊어버린다. 어리석은 불나방이 된다.

'하심'
좀 겸손해야 할 일이다.
자신에게만 베풀지 말고 다른 많은 사람들에게도 베풀어야 할 일이다.
자기 자신을 항상 돌아봐야 할 일이다.

힘들어도 끊임없이 진리를 찾고 늘 그것을 좇는 수행자마냥
바른 마음가짐과 바른 삶을 놓지 않아야 할 일이다.

내 마음도 편하고 다른 사람도 편하고 세상도 편하게 말이다.

"욕망을 좇으면 어리석어진단다"

오래전의 일이다.

함께 근무하는 여직원이 내게 묻는다.
입사 동기인 친구가 애인 없는 자기에게 핸드폰에 '인연설'이라는 글자를 찍어 주면서 이 글자를 담고 있으면 곧 애인이 생긴다고 한단다. 그런데 자기는 이 말이 무엇을 의미하는지 전혀 모르겠단다.

그 여직원에게 말해 줬다. 한용운의 〈인연설〉이라는 시의 제목이라고 그러면서 퇴근하는 길에 서점에 들러 시집을 사서 읽어 보기를 권했다.

얼마 후, 그녀는 거짓말같이 사랑하는 사람을 만나 결혼하고 어느새 아이 엄마가 되어 행복하게 살고 있다.

함께 영원히 있을 수 없음을 슬퍼 말고
잠시라도 같이 있을 수 없음을 노여워 말고
이만큼 좋아해 주는 것에 만족하고

나만 애태운다고 원망 말고
애처롭기까지 한 사랑할 수 없음을 감사하고
주기만하는 사랑이라 지치지 말고

> 더 많이 줄 수 없음을 아파하고
> 남과 함께 즐거워한다고 질투하지 말고
> 이룰 수 없는 사랑이라 일찍 포기하지 말고
>
> 깨끗한 사랑으로 오래 간직할 수 있는
> 나는 당신을 그렇게 사랑하렵니다.
>
> 한용운(1879–1944), 〈인연설〉

아마도 그녀의 입사 동기는 사랑을 함에서의 마음가짐을 한용운의 〈인연설〉이라는 시를 통해 말해 주고자 함이었을 것이다.

어쩌다 찻집 등에서 한용운의 〈인연설〉이라는 시를 접할 때면 이때의 기억이 떠오른다.

가끔 그럴 때가 있다.
그 사람 이름은 잊었지만 그 사람이 불렀던 애절한 노래와 그 사람의 얼굴만은 지워지지 않는….

생각해 보면 추억이라는 것이 대부분 사람들과 연결되어 있다.
그런 의미에서 지금 내 주변에 있는 모든 사람들은 나의 추억을 만들어 주는 고마운 사람들이다. 어쩌면 우리는
평생 그런 고마움에 둘러싸여 지내면서도 그 고마움을 잊거나 혹은

당연하게 생각해 그것을 모르거나 외면하고 사는 것은 아닌가 하는 안타까운 생각이 든다.

이제는 아이 엄마가 된 그녀가 퇴근길에 내 말대로 서점에 들러 시집을 샀는지, 안 샀는지는 모를 일이다. 하지만 어쨌단 말인가? 오늘 퇴근길에는 서점에 들러 시집 한 권 사 봄도. 누가 알겠는가? 그대 앞에 인연설의 추억 같은 사랑이 올지도….

"인연설의 추억"

10대 때는 뭣도 몰랐다.

20대 때는 논다고 몰랐다.

술도 마실 만큼 마셔 봤고 원 없이 놀기도 놀아 본 20대를 지나 30대가 되어서야 문득, 내일 내가 죽는다면 가장 후회되는 게 무엇일지를 생각했다. 그리고 내가 이 세상에 온 이유가 무엇인지에 대해서도 진지하게 고민했다.

"하늘이 나를 세상에 보냈으니 반드시 그 이유가 있지 않겠는가?"

나는 하늘의 뜻을 알고 싶었다. 존재의 의미를 찾고 싶었다.

사람들에게 위안을 주고자 시와 소설을 적었지만 도리어 사람들에게 걱정만 줬다. 두각을 나타내지 못했다. 사람들에게 삶의 갈 길을 제시해 주고자 명리학을 공부했지만 하늘의 이치만 깨칠 뿐, 하늘의 뜻을 찾을 수 없었다.

갈 길 몰라, 갈 곳 몰라 방황하는 나그네처럼 나는 많은 시간과 공간을 헤맸다. 그러다 가다가다 지쳐 걸음을 멈춰 섰을 때, 나는 내가 남들처럼 똑똑하지도 않고 흙수저는 고사하고 수저도 없이 태어남에 대해 곰곰이 생각했다. 내 사주도 한참이나 쳐다봤다. 도무지 주변 인덕이나 공부, 관직으로 잘 될 팔자도 아니다.

이는, 하늘의 뜻이 누군가에게 무엇을 가르치고 주고 오라는 것이 아니라, 세상을 보고 듣고 생각하고 느끼며 세상의 많은 것들에 대해 배우고 오라는 뜻임을 그제야 깨달았다.

수많은 수행자들의 말과 같이 내게 있어 세상은 커다란 배움의 학교이며 나는 죽을 때까지 배움에 멈춤이 있어서는 안 되는 학생인 것이다. 이 세상 온 김에 뭐 하나라도 배워가는, 혹은 내 배움으로 다른 사람을 조금이라도 도와줄 수 있는…. 그마저도 안 된다면 그저 배움에 있어 혼자만의 즐거움이라도 찾아야 하는 학생인 것이다.

"배우는 거 좋아하는 사람이 어디 있겠습니까?"
어느 후배가 내게 이렇게 말한다. 이해한다. 지금의 삶이 힘들어서다. 지금만으로도 힘든데 어떻게 거기에 무엇을 더 얹겠는가? 충분히 이해된다. 하지만 도대체가 배움 없이 어떻게 더 나아갈 수 있고, 배움 없이 어떻게 강해질 수 있단 말인가?

'학생부군신위'
한 세상 살다 돌아가신 분을 기리는 지방에 쓰는 글귀의 의미를 생각한다.
배우는 학생으로 인생을 살다 돌아간다는 뜻이다.
우리 조상님들의 말씀을 빌리자면, 우리는 세상에 여행 온 여행자가 아니라 세상에 공부하러 고향을 떠나온 유학생이 아닌가 하는 생각을 가져 본다. 배움의 길, 그 길이 인생 아닌가 하는 생각을 해 본다.

나는 지금껏 받기만 한 세상에 무엇을 할 것인가, 무엇을 줄 것인가에 대한 심적 부담을 줄곧 가졌었다. 하지만 이제 그 마음의 부담을 내려놓는다. 그저 나는 세상에 대해 배우고 공부할 뿐이다. 이것이 내가 가야 하는 이번 생의 길이다!

"학생부군신위"

오늘도 주인에게 버림받은 강아지들이 굶어 죽었다는 기사를 접한다.
하루가 멀다 않고 이런 기사가 뜬다.

젊은 가난한 아빠 혼자 어린 자식 하나를 키우듯,
한 살도 채 되지 않은 강아지를 키우고 있는 나로서는 이런 기사들이 예사로 보이지 않는다.

기사에는 굶어 죽은 강아지들의 모습이 모자이크 형태로 떠 있다. 그런 사진을 바라보며 가슴이 미어진다.

배고파 죽은 강아지들은 다른 강아지들을 잡아먹지 않았다.
아무리 배가 고파 저 자신이 굶어 죽을지라도….

사랑을 받아 본 개들, 강아지들은 그런다.
가슴이 미어진다!

"사랑, 그게 뭡니까?"

오늘은 날씨가 참 좋다.
날씨가 좋으니 기분도 좋고 마음도 편안해진다.
게으름도 피워 보고 싶고
조용하게 산길도 걸어 보고 싶다.

한 곳에만 집중하다 보면 집착이 생긴다.
집착이 생기면 스트레스, 번뇌가 따른다.

남과 비교하지 않고 남의 길을 볼 것도 없이
남의 시선을 크게 의식하지도 말고
오로지 내 길만을 걸어가는 마음가짐이 필요한 것 같다.

그러기 위해서는
내 마음속에 나를 짓누르는 그러한 것들을 좀 버려야 한다.
마음에 있는 것들을 좀 비워야 한다.

"문득"

3장
가슴 시린 그대에게

왜?
이런 쓰잘데기없는 글들을 자꾸 쓰냐고 사람들이 나를 비웃으며 내게 묻는다.
내가 그랬다.

"힘들어서."

"힘들어서"

아가 아가 아가는
우리 우리 좋아해

우리 우리 우리도
아가 아가 좋아해

방디 방디 방디야
궁디 궁디 궁디야
너무 너무 귀여워
너무 너무 즐거워

아가 아가 웃는다
우리 우리 웃는다

아가 아가 행복해
우리 우리 행복해

방디 방디 방디야
궁디 궁디 궁디야
너무 너무 귀여워
너무 너무 즐거워

"아가송"

사람들은 자기 스스로가 굴레를 만들어 놓고서 남을 탓하고 원망한다.

"고통은 집착에서 온다"

아름다움의 기준이

장미꽃이라고 말하지 마라!

나는 순결의 하얀 백합을 더 좋아한다!

"이의 있습니다"

꽃들은,
저마다의 향기와 모양을 냅니다
꽃들은 자신만의 향기와 모양을
다른 꽃들과 비교하지 않습니다

꽃들이,
다 같은 모양 다 같은 향기면
꽃들은 꽃이 아닌 잡초입니다

저만치 떨어져
홀로 자신 낮추고
하늘의 서러움, 땅의 외로움에도
한결같이 그 자리서 삶의 향기 내시는
들국화인 당신!

당신이 있어
내가 빛납니다

함께 살아 줘서 고맙습니다
함께 있어 줘서 감사합니다.

"들국화인 당신께"

성산포에 오니

옛 생각에 눈물 난다

울기는 마음이 우는데

왜, 눈물은 눈에서 나는가

"그리운 성산포"

이별은 앞에 오고
후회는 뒤에 온다

헤어질 때의 눈물은 돌아서도 보이고
눈물 소리는 소리 내지 않아도 들린다

헤어질 때의 눈물은 그칠 때가 더 아프다.

"헤어질 때의 눈물은"

가을 작은 산골
단풍이 잘 익었습니다
우리의 사랑도 잘 익었다면
가을 단풍조차 이리 아프진 않을 테지요.

"가을엽서"

아가가 나를 보고 웃는다
나도 아가를 보고 웃는다
아가도 웃고 나도 웃는다
아가도 행복하고 우리도 행복하다
하늘도 행복하고 세상도 행복하다.

"아가웃음"

오래전 갑작스러운 이별처럼

겨울이 왔다.

아직 준비도 안 됐는데….

"그날처럼"

자다 일어난 우중충한 하늘
비 오나 싶어
창문 활짝 여니

진작부터 내렸다는 듯
집 안으로 들어오는 빗물들

어쩐지 싶다
쏟아지는 그대 향한 이 그리움들이

"빗물의 상념들"

어쩌다 간 노래방

아직도 발라드 음악만 찾는다

아직도 가슴에 슬픔이 남아서

"발라드 좋아하세요?"

비 오는 날
그대 생각 닫고저

창문 곧게 닫아도

어느새
비처럼 스며드는

또
그대 생각

"그대 생각"

여름은 시끄럽다

매미 소리
풀벌레 소리
아이들 물장구 소리

가을을 향해 걷는 여름 소리
살아 있는 자연의 행복한 소리

"가을을 향해 걷는 여름 소리"

바쁜 중에도 생각나는 사람이게 하소서
여유 없는 중에 내가 그 사람의 여유이게 하소서

그마저 힘들다면
내가 그 사람의 고통이게 고뇌이게 하지 마옵시고
그저 스쳐 지나가는 바람이게 하옵소서

그렇게 스쳐 지나가게 하옵소서...

"그대와 나를 위한 기도"

세상은 바쁘고
나의 마음은 한가롭다

그러니
세월아

너는 너대로 가라
나는 나대로 가련다!

"쉼"

돌아선 그대 뒷모습보다
이미 돌아선 그 마음에 더 아프다

철없는 사랑은 떼쓰는 아이마냥 운다
이별의 아픔이
나에게만 무거웠음을 사랑 저는 아직도 모른다

사랑아,
울고 싶은 게 어디 너 하나뿐이겠는가?
모든 사랑이 다 존중받아야 하듯 이별도 그럴진대

사랑아,
그러니
우리 이별에도 존중 다오!

"사랑 그 후"

괜찮아!

사람은 실수하면서 발전하는 거야! 다 그랬어!

"괜찮아"

그럼에도
아직도 뜻대로 되지 않는 수많은 일들에
이제는 하얗게 변해 버린 머리카락과 축 처진 피부에

이따금
거울을 보면서
자신을 미워하지 마십시오!

하루하루 견디는 그것만으로도 당신의 삶은 충분히 훌륭합니다!

"지금은 위로가 필요한 때"

당신은,

멀리 있어도 빛나는 별이야!

멀리 있어도 그리운 사람이야!

"보고 싶어"

좋은 날이다
바람도 좋고
하늘도 좋고
당신도 좋은

"당신 있어"

어떤 사람들에게는
천 마디의 따뜻한 위로와 위안의 말보다
지금 당장의 천만 원이 더 큰 위로와 위안이 된다.

그래서
가난한 나는
늘 사람들에게 미안하다!

"미안합니다"

세상에는 좋은 글들이 많다
세상에는 좋은 음악도 많다

좋은 글만큼이나
좋은 음악만큼이나

좋은 사람들도 많았으면 좋겠다!

"나는 네가 좋은 사람이기를 바래"

웃어요! 그대!

그대 곁에 내가 있잖아요
이렇게 항상 곁에 있잖아요!

"웃어요! 그대!"

길을 닮았다.

너는

내가 가는 모든 길은 너를 향한다.

"나의 길"

4장
살아있는 것은 다 행복하라

탄생은 많은 고통이 담긴 그릇이다.

붓다

하나밖에 없는 여동생 명희가 죽었다. 3년이란 결코 짧지 않은 식물인간 상태의 투병 끝에 봄날 벚꽃이 떨어지는 햇살 좋은 아침에 앙상한 나뭇가지 같은 가벼운 육신만을 남긴 채 다시는 돌아올 수 없는 머나먼 곳으로 먼 길을 떠났다.

좁은 골목길 가로등 밑에 있는 작은 방에서 그녀는 그렇게 죽었다. 어디선가 저 멀리서 들려오는 봄날 아침의 새소리를 위로 삼아 나는 이제는 차디차게 식어 버린 그녀의 손을 잡으며 혹은 편안하게도 보이는 그녀의 감은 얼굴을 한참이나 들여다보았다.

그녀는 운전을 배워 보고 싶다 했었다. 차를 운전해 전국을 여행하며 돌아다녀 보고 싶다 했었다. 하지만 살아생전 차는 고사하고 운전도 배워 보지 못한 채 짧은 생을 마감했다. 잠깐 왔다 금방 가버리는 야속한 봄날의 바람처럼 젊디젊은 23살의 육신과 그녀의 이루지 못한 작은 소망들도 함께 가버렸다.

만나면 반드시 헤어지고 존재하는 모든 것은 반드시 멸한다는 것을 알지만 그럼에도 아직 내 눈물이 모자라서인지 삶의 깊은 서글픔에 목이 멨다.

나의 여동생 명희는 나와는 20살 나이 차이가 나는 배다른 동생이었다. 나의 아버지는 작은 중소기업을 운영하신 사업가셨다.

내가 20살 대학생이던 때 어머니가 암으로 돌아가시자 아버지는 곧 젊은 여자와 재혼을 하셨고 명희는 아버지와 그 여자 사이에 태어난 여동생이었다.

명희가 세 살이 되던 해, 나이 어린 딸을 두고 차마 가실 수 없었던지 아버지가 눈도 감지 못한 채 암으로 돌아가시자 명희 엄마인 계모는 기다리고 있었다는 듯이 아버지의 모든 재산과 집을 우리들 몰래 처분하고 자신의 딸인 명희조차도 버리고 집을 나갔다.

명희가 17살이 되던 해, 그냥 왔다 그냥 갔던 자신의 엄마가 그랬듯 명희도 찾지 말라는 메모 한 장만을 남겨 두고 떠났다. 세상과 가족으로부터 아직 보호와 사랑을 더 받아야 할 그 어린 나이에 남학생과 동거키 위해 집을 나간 것이다.

쓰레기통 속에서는 꽃이 필 수 없음을 명희는 알지 못했다. 한때 나도 사랑했던 여자가 있었다. 그녀는 늘 웃었다. 마치 세상의 모든 행복이 자신의 것인 듯 아름다운 웃음을 가진 여자였다. 나는 그런 그녀의 해맑은 웃음을 좋아했다. 그녀와 같이 있는 것만으로도 행복했고 그녀와 함께라는 것만으로도 지나온 가슴 아픈 내 과거와 화해할 수 있을 것 같은, 세상사는 즐거움을 주는 그런 여자였다.

우리는 서로 사랑했고 자연스럽게 관계도 가졌다. 만나면 아이스크림을 먹듯 서로의 사랑을 확인했고 나는 그것이 사랑임을 결코 의심치 않았다. 하지만 그녀의 그 해맑은 웃음은 결코 나만의 것이 아니었다. 내가 그녀에게 결혼하자 이야기했을 때 그녀는 알 수 없는 엷은 미소만을 남기며 아이스크림이 녹아 사라지듯 나의 곁을 떠났다.

자신이 낳은 어린 딸을 버리고 간 여자나, 다른 사람의 진실한 마음을 마치 손에 난 사마귀 수술하듯 가볍게 도려내고 또 다른 사랑을 찾아 떠나가는 여자나, 모두 다 이해는 하지만 이해한다 해서 다 받아들일 수는 없는 것처럼 난 그녀들을 헤어지고 난 후에도 사랑할 수는 없었다.

이해의 깊이만큼 사랑이 나온다지만 내게 있어서만큼은 결코 용서가 되지 못했으며 그런 상처들은 더 선명하고 깊기만 할 뿐 결코 아물거나 흐려지지 않았다. 삶의 무게를 알 수 없듯 나는 명희의 그런 삶을 이해할 수 없었다.

더 고통스럽게 하지 않아도 삶은 충분히 고통스럽다.

붓다

그랬다. 나는 그렇게 오빠 곁을 떠나왔다. 나는 잘 안다. 오빠가 나를 얼마나 위하고 아껴 주며 사랑했었는지를. 하지만 한 번도 말하지 않았지만 오빠가 나를 위함은, 나의 엄마가 나를 버리고 간 것에 대한 애처로움이고 안타까움이라는 것을 나는 잘 안다. 하지만 유감스럽게도 버림받아 남겨진 내게 그런 애처로움과 안타까움은 조금의 위안도 희망도 되지 못했다.

내가 그를 만난 것은 난생처음 마셔 보는 소주와 함께였다. 그때 나는 소위 여고에서 아무도 건들지 못하는 범죄 소녀였다. 급우들의 돈을 갈취하고 왕따시키고 심지어 급우들의 머리카락과 눈썹까지도 자르는 그런 학생이었다.

몇 마디의 성적 농이, 이런 저런 세상 욕이 오가고 소주 서너 병이 비워질 쯤 나와 그는 애인하자 서로 약속했고 우리는 그렇게 시작했다.

나는 그와 같이 있는 것이 좋았다. 그의 말 한마디, 한마디가 좋았고 그의 허풍이 사랑스러웠고 무엇보다 내가 그와 있으면 여자가 된다는 것이 좋았다. 예쁘게 보이고 싶어 화장도 하고 나보다 못한 사람들을 보면 동정심도 측은한 마음도 갖고, 아무튼 나는 그런 감정이 좋았다.

그의 손길이 좋았고 그의 숨소리가 좋았다. 그와 함께라면 모든 것이 이제 다 잘될 것이라는 기대도 생겼다.

가출을 한 후 그와 동거생활에 들어갔다. 나는 그에게 내 모든 것을 주고 그를 믿었으며 그를 의지했다.

행복이라는 감정이 이런 감정이라는 생각도 했다. 언젠가 보란 듯 바르게 잘 살아 오빠에게 내 지난 과거의 잘못을 빌고 용서를 구하며 인사드릴 것이라는 생각도 했다. 그리고 앞으로 생길 내 아이들에게 세상은 그래도 아직 따뜻하다는 것을 이야기해 줄 수 있는 그런 날을 그가 만들어 줄 것이라 굳게 믿었다.

나는 내가 줄 수 있는 모든 것을 그에게 다 주었다. 내 순정, 내 영혼조차도. 5개월 된 배 속의 아이를 떼고 울며 오는 길에도 "괜찮아, 임마! 다 그렇게 살아. 이게 인생이야"라며 내 어깨를 토닥거리며 위로하는 그 말을 믿었고, 낮에 온종일 일을 하고 돌아와 차리는 밥상에서 그가 맛있게 먹어 주는 모습만으로도, 당장 내일의 끼니를 걱정하면서도 그의 품에 안겨 잠드는 그것만으로도 나는 행복했었다.

하지만 운명은 지극히 작은 것에 만족할 줄 아는 내게 그 작은 것도 허락지 않았다.

그의 외도, 알면서 질투로 가슴이 찢길 듯 마음이 아프면서도 나는 그를 이해하려 노력했다. 조금씩 늦는 귀가 시간이 잦은 외박으로 바뀌고 그의 따뜻한 언행이 점점 거칠어져 갈 때쯤 급기야 그는 내게 폭행까지 했다. 더 이상 그런 그에게서 따뜻함은 없었다.

그에게서 불어오는 차가운 바람만이 기다림에 황폐해져 사막이 되어버린 내 마음을 휘젓고 다닐 때 그는 내게 직접적으로 헤어지기를 강요했다. 사랑은 이별을 두려워하지 않는다는 세상의 말에도 나는 이별이 한없이 두렵고 무섭기만 했다. 헤어짐만큼은 결코 받아들일 수 없다는 눈물의 간절한 호소에도 불구하고 그는 만나는 여자를 집에까지 데려왔다.

그럼에도 버림받고 싶지 않다는 인간의 최저 본능에 목을 걸었고 나의 이 비참한 최저 본능은 그의 지독한 폭행 앞에 결국 산산조각 부서지고 말았다.

그때 나는 처음으로 손목을 긋는 자살을 기도했다. 눈을 떴을 때 나는 죽지 못하고 병원에 있었으며 침실 옆에서 오빠가 나를 바라보고 있었다.

나는 오빠의 모습을 보는 순간 복받쳐 오는 서러움에 눈물을 흘렸다. 오빠는 내 이런 모습을 말없이 보고 고개를 돌리며 눈물을 흘렸다. 처음으로 보는 오빠의 눈물이었다.

퇴원 후 하루 온종일을 먼 산만 바라봤다. 아무것도 할 수 없었다. 눈물조차 나오지 않았다. 사랑에 대한 이별 때문인지 사랑에 대한 배신 때문인지 마음은 마치 예리한 칼날에 베이고 찔린 듯이 아프기만 했다.

말로 다 할 수 없는 아픔에 나는 신이 계신다면 삿대질이라도 하고 싶었다.

사랑은 영원하고 행복만 있는 줄 알았다. 신은 한없이 자애롭기만 한 줄 알았다. 청춘은 늘 아름다운 줄만 알았다. 그러나 세상의 바람은 생각보다 더 차디찼다.

사랑에는 늘 고독이 함께했고 신은 인간에 대한 심판을 멈추지 않으셨으며 청춘은 아픔을 꼭 동반했다. 한 개의 쾌락에는 열 개의 고통이 뒤따랐다. 사랑은 독하기가 그지없었고 나는 서럽기가 그지없었다.

다량의 수면제 복용에 의한 두 번째 자살 기도. 눈을 떴을 때 다시 오빠는 병원의 작은 침실, 삶과 죽음의 문턱에서 조용히 나를 또 기다리고 있었다.

오빠의 얼굴에는 어린 나를 두고 죽어야만 했던 그래서 차마 눈도 감지 못하고 떠난 아빠의 얼굴이 있었다. 나보다 더 슬픈 그 마음이 오빠의 얼굴에 있었다. 그런 오빠의 얼굴을 보며 나는 다시는 자살을 하지 않으리라 굳게 결심했다.

그와 함께했던 모든 사진을 불태웠고 만났을 때부터 썼던 웃음보다 눈물이 많았던 일기장도 모두 태웠다.
한 줌의 재가 되어 사라져 가는 지난날들의 추억을 떠올리며 처음으로 나는 그를 원망하고 저주했다.

나는 그날 밤 성당에 가 기도를 했다. 낙태했던 5개월 된 아이의 명복과 용서를 빌기 위해 기도했다. 그리고 기도를 끝낸 뒤 큰소리로 통곡하며 한참을 목 놓아 울었다.

늘 힘들기만 한 현실이 원망스러웠다. 울기는 마음이 우는데 눈물은 눈에서 하염없이 쏟아졌다. "신은 인간을 창조하되 인간이 행복해지기를 원하지는 않은 듯하다"라는 심리학자 프로이드의 말처럼 신은 위대하실지언정 결코 친절하시지는 않았다.

애석하지만 신은 인간의 아픔을 모르시기에 인간을 위해 눈물 흘리지 않으시며 강자를 존경하지도 않지만 약자를 불쌍히 여기지도 않으시는 듯했다.

축제의 불은 빨리 꺼지고 그 재는 오래도록 남았다. 값싼 쾌락은 비싼 고통을 낳았고 그것은 돌이킬 수 없는 상처 위의 상처였다. 그럼에도 그를 다시 만난 것은 그가 내게 무릎 꿇으며 용서를 빌어서가 아니었다. 내가 그를 떠나서는 살 수 없다는 것을 알아서였다.

그에 대한 애욕의 불꽃은 그 어떤 물로도 끌 수가 없었다. 사랑은 자신을 살찌우기 위해 내게 더 많은 눈물을 원했다. 애석하지만 사랑은 원래가 말을 잘 듣지 않으며 뜨거운 가슴은 있으나 냉철한 눈은 없었다.

사랑은 불행과 같아서 선한 사람과 악한 사람을 구분치 못했다. 사랑은 바람과 같아서 자신이 오고 싶을 때 오고 가고 싶을 때 갔다.

그와 다시 동거를 시작하며 룸살롱을 나갔다. 육체의 쾌락과 영혼의 공허함, 돈을 받기 위한 웃음과 받고 난 뒤의 초라함에서 오는 울음. 나는 그렇게 사막을 헤매고 어둠을 헤매고 사람과 사람 사이를 헤맸다.

같이 살자고 떼쓰는 남자들 때문에 늘 가방 속에 갖고 다니는 칼처럼 나의 삶에 죽음은 늘 그렇게 함께했다.

5개월 된 배 속의 아이를 낙태시키고, 너무 슬프고 마음 아파서 며칠 간 방 안에서 울기만 한 적이 있었다. 그런 내게 그는 따뜻하게 안아 주 거나 다친 마음을 위로해 주는 것이 아니라 시끄러워서 잠을 잘 수 없다 고 밖에서 울라며 집 밖으로 쫓아낸 적이 있었다. 나는 그런 그의 모습 속에서 세상의 악마를 봤다.

언젠가 술에 취한 그가 내게 이런 말을 한 적이 있었다. 등산로에서 담배를 피우던 자신을 나무라는 자신의 어머니뻘인 아주머니를 무자비 하게 폭행하고 욕설을 한 적이 있었노라고. 그 후 그 아주머니는 그때의 충격으로 입원한 정신과 병원의 옥상에서 뛰어내리는 자살을 했었다고 했다.

그러면서 담담하게 그는 내게 말했다. 자신에게는 사랑이나 양심 또 는 후회의 그런 감정은 그저 그때 잠시 불어왔다 잠시 머물다 스쳐 가는 바람과 같은 것이라 했다. 그럼에도 미움이나 증오, 원망의 그런 차가운 마음은 하루에도 몇 번씩이나 솟구쳐 오르는 성욕마냥 자신을 떠나지 않는다고 했다.

나는 그런 그의 가혹한 행위들을 보며 어쩌면 인간을 창조한 것은 신 이 아닌 악마가 아닌가 생각했다. 지옥을 만든 것은 신이 아닌 인간이 아닌가 하는 생각을 했다.

언젠가 오빠에게 신이 악마를 용서하실 수 있을까 하고 물었던 적이 있었다. 오빠는 신이시기에 악마조차도 용서하실 거라 말했다. 악은 선의 그림자이며 용서치 않으면 결국 신조차도 미움의 마음으로 언젠가는 파멸하시기 때문이라 대답했다.

나는 악마를 용서하시는 신의 마음은 신, 당신께서 파멸로 가지 않기 위한 이기심이라 생각했다. 자신을 버리지 않고서 세상을 바꾸려 한다는 것은 욕심이라 생각했다.

신이 악에 대한 심판을 주저하실 때 악은 선의 자비를 먹고 자라서 불의로 인간을 심판했다. 나는 세상의 악에 침묵하시는 신께서는 어쩌면 벌써 우리를 떠나신 게 아닌가 생각했다.

세상의 선과 자연, 우주의 법칙을 파괴하는 인간들의 사악함을 보며 인간에 대한 창조를 후회하신 신께서 인간들을 떠나신 게 아닌가 생각했다. 그럼에도 언젠가 인간들을 용서할 수 있는 마음이 생길 때 그때 이 세상에 다시 돌아오겠노라고 당신 자신께만 하나의 약속을 하며 그렇게 멀리 떠나신 게 아닌가 생각했다.

사람들이 죽어 가고 있습니다.

신이시여!
당신은 지금 어디에 계십니까?

즐거움은 앞에 오고 후회는 늘 뒤에 왔다. 사랑이 끝나면 사랑의 전쟁도 끝나야 했지만, 그와의 싸움은 점점 늘어가기만 했고 그 정도도 격렬해져만 갔다.

싸움을 하면 일단 식탁 한가운데 칼을 꽂고 시작했고 그 싸움의 끝은 꼭 그 칼에 피가 묻어야만 끝났다. 피의 싸움에 칼날은 더 예리하고 날카로워져만 갔고 인류가 흘린 피의 역사만큼이나 되풀이되어 갔다. 마치 이 세상은 전생에 죄 많은 사람들이 모여 서로가 서로에게 끝없이 상처를 입히며 사는 곳이 아닌가 하는 생각마저 들게 했다.

"고통은 끝이 없구나"라며 권총 자살을 한 고흐의 슬픔은 고흐만의 것이 아니었다. 착한 어린이에게 선물을 주시는 산타 할아버지도, 악마가 노래하고 천사가 춤추는 그런 세상도 없듯, 지고지순한 사랑은 없었다.
단지 지고지순한 사랑을 꿈꾸는 사람만 있을 뿐이었다.

쓰레기통 속에서는 결코 꽃이 필 수 없음을 나는 몰랐다. 세상에는 절대 만나서는 안 될 사람이 있다는 것을 나는 몰랐다. 어리석은 자의 스승은 시간뿐이라는 것을 나는 몰랐다.

> 모든 것은 무상해서 이것은 곧 생하고 멸하는 생멸의 법이다. 이 생멸에 집착함을 놓으면 곧 고요한 열반의 경지에 이르는 것이다.
>
> 붓다

다시 그에게 갔던 명희를 만난 곳도 병원이었다. 이번에는 자살의 문제가 아니었다. 그의 폭력에 머리를 다쳐 의식이 없는 식물인간의 상태로 병원 중환자실에 누워 있었다.

내가 도착했을 때 그는 벌써 도망가 잠적한 후였다. 명희는 명희의 삶이 그러하듯 삶도 죽음도 아닌 그런 모습으로 내게 다시 돌아왔다. 나는 다음 날 회사에 사직서를 냈다.

그것은 애욕, 집착이었다. 고통은 알지 못하고 보지 못하는 무명에서 온다. 무명은 나쁜 인연을 만들고 그 나쁜 인연에서 생기는 애욕, 집착, 증오, 탐욕 등의 마음으로 인해 고통이 생겨나는 것이다. 사랑하는 마음도 때로는 욕심임을 명희는 알지 못했다.

자신으로부터 생겨나는 마음을 다스리지 못한다면 그 마음이 낳아 기른 고통은 또 고통을 낳아 곧 마음을, 그리고 자신의 모든 것을 파괴해 버린다.

세상에는 존재하는 숫자만큼의 고통이 존재한다. 그 고통만큼의 눈물이 또 세상을 채운다. 붓다는 원하는 것을 얻지 못하는 고통, 원치 않는 것을 가지는 고통, 싫어하는 사람과 함께 있는 고통, 사랑하는 사람과 헤어지는 고통의 이 세상을, 고통의 바다 즉 '고해'라 했다. 원래가 하늘은 맑은 날이 더 많고 인간사에는 흐린 날이 더 많은 법이다.

나는 명희가 왜 그런 인간을 좋아하는지 그 이유를 알지 못해 많은 시간을 괴로워한 적이 있었다. 한참의 시간이 흐른 후 나는 그것은 내려놓고 비우지 못하는 명희의 집착하는 마음 때문이라는 것을 알았다.

명희는 1년이나 중환자실에 있었지만 아무런 차도가 없었다. 눈을 감은 채 그저 호흡, 맥박, 심장박동만 있을 뿐 움직임이 전혀 없었다. 병원에서는 회복이 불가하다며 퇴원하기를 권했다.

식물인간의 환자를 집에서 돌본다는 것은 참으로 힘든 일이었다. 영양제 등 링거를 꽂아야 하고 물도 먹여야 하고 특히 명희의 대, 소변을 받는 일이란 남자인 내겐 무척이나 고역이었다.

시간이 계속 흘러도 명희의 상태는 늘 그 자리였다. 그럼에도 그저 보고만 있을 수밖에 없다는 것이 너무 힘들었다. 혹시나 하는 나의 믿음은 회의했고 나는 점점 지쳐 갔다.

명희는 칼에 녹이 슬 만큼의 가난 때문에 초등학교에 들어가기 전의 어린 나이 때부터 연탄재를 버리러 언덕의 산동네를 오르락내리락했고, 한겨울의 추운 날에도 따뜻한 물이 없어 차디찬 찬물에 빨래와 설거지를 해 동상에 걸리기도 했으며, 중학교 때는 삼 년 내내 졸린 눈을 부비며 아침마다 신문 배달을 하는 등 줄곧 고생만 하며 컸었다.

너무 어린 나이에 엄마에게 버림받고 내 손에 큰 명희는 내게 있어 늘 상처 깊은 아픈 손가락과도 같았다. 누군가에게는 상처와 아픔, 모욕을 받는 사람이지만 내게는 세상에 둘도 없는 소중한 사람이었다. 아프면 함께 그만큼 아파하는 사람이 있는 그런 사람이었다.

언젠가 명희의 몇 안 되는 옷가지를 정리하다 명희의 지갑 안에 든 그의 증명사진을 보고 나는 한참 동안 그 지갑을 품에 안고 울었었다. 명희는 나로 하여금 내가 아는 모든 눈물을 부르게끔 눈물 나게 했다.

꼬리 치는 이웃집 강아지를 봐도 눈물이 났고 화창한 날씨에 쏟아지는 햇살을 봐도 눈물이 났다. 어디에건 명희가 있었던 흔적의 언저리에는 그녀의 눈물이 깊게 배어 있었다.

집에서 식물인간의 상태로 아무런 차도 없이 계절이 두 번씩이나 바뀌는 그맘때쯤 명희의 눈물을 처음 봤다.

명희의 잠자리를 살피기 위해 명희의 얼굴을 본 순간이었다. 감은 두 눈에서 눈물이 나와 명희의 양 볼을 타고 내렸다. 그 눈물은 내게 애타게 말했다.

이제는 이 무거운 육신을 떠나 자유롭고 싶다고, 더 이상 자신의 추한 모습을 보이고 싶지 않다고 말해 왔다.

명희의 눈물은 그 후에도 수시로 흘러내렸고 이내 온종일 흘렀다. 나는 그 눈물이 내 눈물인지 명희의 눈물인지 구분할 수 없었다.

몇 년 전, 명희가 중환자실 병원에 입원해 있을 때, 우연히 다른 병실에 입원해 있었던 어떤 환자를 본 적이 있었다.

10대 후반의 어린 소녀였다. 들리는 소문으로 말기 암의 시한부 생명이라고 했다. 그 소녀는 늘 울었다. 얼마나 크고 서럽게 울던지 병원에서 모르는 사람들이 없었다.

그 소녀는 마지막 죽는 순간까지 서럽게 울다 죽었다고 했다.

그 소녀의 죽음으로 한동안 병원에는 슬프고 긴 침묵이 흐르기도 했었다. 명희의 눈물은 그 소녀의 눈물 같았다.

나는 잘 알고 있었다. 내가 명희를 죽인다면 나는 평생 내 양심의 가책으로 괴로워하며 남은 일생을 살리라는 것을, 하지만 명희의 눈에서 연신 흐르는 눈물은 내게 애타게 계속 말해 왔다. 이제는 나를 자유롭게 해 달라고.

나는 명희의 목을 양손으로 힘껏 눌렀다. 아무 표정 없는 명희의 얼굴 위로 내 눈에서 흐르는 눈물이 떨어졌다. 나는 내 뺨에 흐르는 내 눈물을 느끼며 삶의 서러움에 목이 멨다.

왜, 인간의 삶은 너무 힘들게 살다 너무 쉽게 가야만 하는지, 왜 그토록 뜨겁게 사랑하다 이토록 차갑게 이별해야만 하는지, 도무지 나는 하늘의 뜻을 헤아릴 수가 없었다.

오래전 대학 때 만났던 여자와 헤어진 후 이별의 아픔에, 사람에 대한 미움에, 힘든 가난에 자살을 생각한 적이 있었다.

알 수 없는 엷은 미소만을 남기고 그녀가 떠났을 때 세상도 이제 내 곁을 떠났다 생각했다. 어머니가 지병으로 돌아가셨을 때부터 마음 한 켠에 꼭 쥐었던 주먹이 절로 힘없이 펴질 때 그간 독하게 버텨 왔던 마음이 한순간 무너져 내렸다. 더 이상 살아야 할 이유를 몰랐고 삶의 희망을 찾을 수 없었다.

죽자. 마음은 이미 죽기를 원했고 육체는 죽기를 각오했다.

다섯 살의 어린 명희를 데리고 식당에 가 평소 명희가 좋아함에도 먹어보지 못한 음식과 이쁜 옷을 사주었다. 비싼 인형도 사줬다.

명희를 데리고 며칠 전 보아 두었던 고층의 아파트로 갔다. 엘리베이터를 타다 혹시나 다른 사람들과 마주치게 되면 눈물이 나올 것 같아 어린 명희를 등에 업고 아파트 계단을 이용해 옥상으로 향했었다.

한 걸음 한 걸음 내디딜 때마다 저승 문은 점점 가까워져만 갔다. 아파트 옥상에 이르러 등에 업힌 명희를 내리고 명희의 손을 잡으며 한참 동안 옥상 아래의 도시풍경과 맑은 하늘을 봤다.

마치 신의 침묵과도 같은 하늘이 한편으로는 평화롭게 또 다른 한편으로는 두렵게 와 닿았다. 오랜 침묵을 끝으로 나는 명희의 손을 꼭 잡고 명희를 들어 품에 안았다. 그리고 명희의 얼굴을 바라봤다.

명희는 작게 미소 짓고 있었다. 그 미소는 마치 내게 "모든 것을 다 알고 있노라, 그러기에 이해하고 용서하노라"라고 말하는 듯했다.

눈물 때문에 조금씩 가려지는 명희의 미소 속에서 나를 향한 명희의 애잔하고 슬픈 눈동자 속에서 불현듯,

나는 아주 오래전 우연히 읽었던 붓다의 최초 경전인 《수타니파타》에 적힌, 삶의 무게에 힘들어하는 모든 사람들과 이별의 아픔에 슬퍼하는 모든 사람들을 위해 붓다가 설한 자비의 말 한마디가 떠올랐다.

살아있는 것은 다 행복하라.

인과응보의 법칙 즉 카르마(업)로 인해 힘겨워하는 우리들을 붓다도 어쩌면 신께서도 진정으로 마음 아파하시고 슬퍼하신다는 생각이 들었다.

진심으로 우리가 행복해지기를 바라신다는 생각이 들었다. "울고 싶은 것은 너만이 아니다. 네가 행복하지 않으면 나도 행복하지 않고 결코 잠들 수도 없다"며 마음 깊이 우리의 아픔을 위로하시는 것은 아닐까 하는 생각들이, 신은 오랫동안 잠자고 계신 것이 아니라 인간을 창조한 이래 한시도 잠들지 못하셨다는 생각들이, 붓다가 설한 자비의 한마디가 떠오른 그 짧은 찰나의 순간에 마음 저 깊은 곳까지 와 닿았다.

그 생각의 울림은 마음과 몸뿐만 아니라 영혼까지 흔드는 그런 깊은 전율을 주는 울림이었다. 나는 비로소 내 마음속에 있는 온갖 것들을 내려놓을 수 있을 것 같았다.

마음속의 그 온갖 것들로부터 자유로울 수 있을 것 같았다. 나와 명희는 그렇게 삶의 끝자락에서 오랜 시간 동안 서로 부둥켜안고 한참이나 울었었다.
주위가 깊은 정적에 휩싸이고 나는 아무 소리도 들을 수 없었다. 이제 내 삶이 지옥이 되리라는 것을 잘 알지만 명희를 위해 해 줄 수 있는 오빠로서의 마지막 사랑이었다. 나는 저세상의 문턱에 들어서는 명희의 귀에 대고 나지막이 말했다.

"힘든 세상… 고생했다."

나는 진심으로 명희가 행복하기를 바랐다. 그러나 나의 바람은 이루어지지 않았다.

아픔 없고 이별 없는 삶이 없듯, 아픔 없고 이별 없는 사랑은 없다는 것을 명희가 알았으면 좋았을 것이다.

사람이 살다 간 삶의 흔적에 상처 없는 사람이 없듯, 사랑이 지나간 자리에 상처 없는 사람이 없다는 것을 알았으면 좋았을 것이다.

잘 보내 주는 것도 사랑이요 잘 포기하는 것도 사랑이며 잘 용서하는 것도 사랑이라는 것을 알았으면 좋았을 것이다.

남녀 간의 사랑만이 세상 사랑의 전부가 아니었음을 알았으면 좋았을 것이다. 꽃은 인연이 다하면 떨어지지만 다시 때가 되면 피어남을 알았으면 좋았을 것이다.

빛이 어둠을 무서워하지 않듯 사랑은 이별을 두려워하지 않는다는 것을 알았으면 좋았을 것이다. 세월이 철들게 했을 때는 이미 늦었을 때임을 알았으면 좋았을 것이다.

꽃들은 저마다의 향기와 모양을 가지고 있으나 결코 꽃들은 자신만의 향기와 모양을 다른 꽃들과 비교하지 않으며 꽃들이 다 같은 모양, 다 같은 향기면 꽃들은 꽃이 아닌 잡초일 뿐임을, 저 먼발치 떨어져 홀로 피어 있는 들국화가 있기에 장미가 더 아름다울 수 있다는 것을 알았으면 좋았을 것이다.

꽃들은 가을을 원망하지 않고 겨울을 미워하지 않는다는 것을 알았다면 좋았을 것이다. 존재하지 않는 모든 것들은 존재하는 모든 것들을 부러워한다는 것을 알았으면 좋았을 것이다.

그랬다면 비록 세속의 즐거움은 얻지 못할지라도 마음의 평온만은 얻어 세상의 많은 이기적인 것들로부터 자유롭고 행복했으리라.

나는 다시 한번 붓다가 삶에 힘들어하는 모든 중생들에게 전한 자비의 말씀을 떠올렸다. 그것은 명희를 향한 위로의 말이자 나 자신을 위로하는 말이기도 했다.

어떤 생물이든, 즉 겁이 많은 것이든 담이 큰 것이든 또 덩치가 길든 크든 짧든 중간쯤 되든, 그리고 섬세하게 생겼든 육중하게 생겼든 눈에 보이는 것이든 보이지 않는 것이든, 멀리 사는 것이든 가까이 사는 것이든, 이미 태어난 것이든 앞으로 태어나려고 하는 것이든 살아있는 것은 다 행복하라 태평하라 안락하라.

"살아있는 것은 다 행복하라"

※ 인용 문헌

김운학 역, 『수타니파타(범우고전선 013)』, 범우사, 1980, 37쪽

맺음말

스스로 자신을 일깨우라.
스스로 자신을 살펴보라.
자신을 지키고 반성한 그대는 행복하게 살리라!

붓다

삶의 흔적 하나를 남긴다.

'삶의 무게에 힘들어하는, 사랑하는 사람과의 이별에 가슴 아파하는 모든 분들께 바칩니다!'라는 머리말처럼….
삶에 지친, 이별에 힘들어하는 누군가는 내 글을 통해 작은 위안을 얻을 것이다.

그러면 됐다!

다음을 기약할 수 없는 이 세상에, 세상과 사람들을 위한 내 할 일을 했다. 그간 늘 마음 한 켠에 있던 짐 하나를 이제 내려놓는다.